## Collection de feu M. B.

# FAIENCES DE NEVERS

## FAIENCES DIVERSES

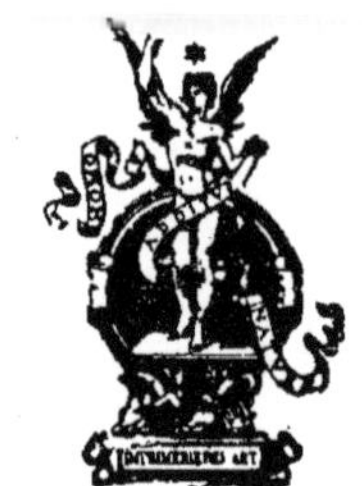

# CATALOGUE

## DES

# FAIENCES DE NEVERS

## A FOND BLEU

### FAIENCES FRANÇAISES ET ÉTRANGÈRES

#### VARIÉES

## Composant la Collection de feu M. L

Et dont la vente aura lieu, par suite de décès

# HOTEL DROUOT, SALLE N° 7

## LE SAMEDI 5 MAI 1906

### A DEUX HEURES

| COMMISSAIRE-PRISEUR | EXPERTS |
|---|---|
| **Mᵉ PAUL CHEVALLIER** | **MM. MANNHEIM** |
| 10, rue Grange-Batelière | 7, rue Saint-Georges |

## EXPOSITION PUBLIQUE

### Le Vendredi 4 Mai 1906, de 1 h. 1/2 à 5 h. 1/2

# CONDITIONS DE LA VENTE

Elle sera faite au comptant.

Les adjudicataires payeront *dix pour cent* en sus
des enchères.

Paris. — Imp. de l'Art. E. Moreau et Cie, 41, rue de la Victoire.

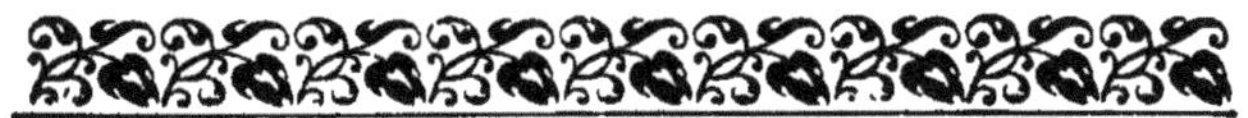

# DÉSIGNATION

## FAIENCES DE NEVERS

1 — NEVERS. Écuelle : fleurs en blanc et jaune sur fond bleu.

2 — NEVERS. Bénitier : fleurs en blanc et jaune sur fond bleu.

3 — NEVERS. Cruche : fleurs et oiseaux en blanc et jaune sur fond bleu.

4 — NEVERS. Gourde : fleurs en blanc et jaune sur fond bleu.

5 — NEVERS. Jardinière à anses torses, émaillée bleu uni

6 — NEVERS. Porte-fleurs à trois tubulures, rinceaux en blanc sur fond bleu.

7 — NEVERS. Bouteille : paysage animé, de style chinois, en blanc sur fond bleu.

8 — Nevers. Bouteille : paysage animé, de style chinois, en blanc sur fond bleu.

9 — Nevers. Deux jardinières à anses torses : oiseaux et fleurs en blanc sur fond bleu.

10 — Nevers. Jardinière à anses torses : oiseaux et rinceaux en blanc sur fond bleu.

11 — Nevers. Panse de bouteille : oiseaux et fleurs en jaune et blanc sur fond bleu.

12 — Nevers. Cruche : fleurs en jaune et blanc sur fond bleu.

13 — Nevers. Cornet : fleurs en jaune et blanc sur fond bleu.

14 — Nevers. Bouteille à pans avec col renflé : fleurs et oiseaux en jaune et blanc sur fond bleu.

15 — Nevers. Petite jardinière à anses : fleurs en blanc et jaune sur fond bleu.

16 — Nevers. Pichet : fleurs et oiseaux en jaune et blanc sur fond bleu.

17 — Nevers. Pichet : fleurs en blanc et jaune sur fond bleu.

18 — NEVERS. Ecuelle : sujet saint et fleurs en
jaune et blanc sur fond bleu.

19 — NEVERS. Petit vase cylindrique : décor de
fleurs en jaune et blanc sur fond bleu.

20 — NEVERS. Petite potiche à pans : décor de
fleurs en jaune et blanc sur fond bleu.

21 — NEVERS. Petit vase : fleurs en jaune et blanc
sur fond bleu.

22 — NEVERS. Petit vase : fleurs et oiseaux en
jaune et blanc sur fond bleu.

23 — NEVERS. Pichet muni d'une anse, décoré de
branches fleuries et de rinceaux en jaune et
blanc sur fond bleu.

24 — NEVERS. Petit pichet muni d'une anse, décoré
en jaune et blanc sur fond bleu, de branchages
fleuris.

25 — NEVERS. Pichet muni d'une anse, à décor de
fleurs et oiseaux en blanc et jaune sur fond
bleu.

26 — NEVERS. Pichet à anse torse, à décor de
fleurs et oiseaux en blanc et jaune sur fond
bleu.

27 — NEVERS. Pichet à anses torses, à décor de branchages fleuris et oiseau perché sur un rinceau ; émaux jaunes et blancs sur fond bleu.

28 — NEVERS. Gourde à panse aplatie, à décor de branches fleuries et oiseaux en jaune et blanc sur fond bleu.

29 — NEVERS. Gourde à panse aplatie, à décor d'œillets et pivoines en jaune et blanc sur fond bleu.

30 — NEVERS. Potiche ovoïde présentant, en blanc, sur fond bleu, des animaux et des fleurs, avec zone de rinceaux dans la partie médiane, et lambrequins à l'épaulement et à la base.

Haut., **45 cent.**

*(Exposition de 1900.)*

31 — NEVERS. Bouteille à long col et anse : feuillages en blanc sur fond bleu.

32 — NEVERS. Jardinière à anses torses : fleurs en blanc sur fond bleu.

33 — NEVERS. Autre plus petite.

34 — NEVERS. Jardinière ovale : fleurs en blanc sur fond bleu.

35 — NEVERS. Petite coupe à anses : fleurs en blanc sur fond bleu.

36 — NEVERS. Tasse à bouillon à une anse plate, tachetée de blanc sur fond bleu.

37 — NEVERS. Petite potiche : rinceaux en blanc sur fond bleu.

38 — NEVERS. Bouteille : fleurs en blanc sur fond bleu ; base en cuivre et bouquet de fleurs en fer doré.

39 — NEVERS. Gourde : fleurs en blanc et jaune sur fond bleu.

40 — NEVERS. Petite jardinière à anses : fleurs en jaune et blanc sur fond bleu.

41 — NEVERS. Pichet : fleurs et oiseaux en jaune et blanc sur fond blanc.

42 — NEVERS. Panse de vase : lambrequins en jaune et blanc sur fond bleu.

43 — NEVERS. Bouteille : fleurs en blanc et jaune sur fond bleu.

44 — NEVERS. Jardinière ovale, à anses torses : fleurs en blanc et jaune sur fond bleu.

*160*

45 — NEVERS. Bouteille : fleurs et oiseaux en blanc sur fond bleu.

*107*

46 — NEVERS. Cornet : fleurs en blanc sur fond bleu.

47 — NEVERS. Pichet : fleurs en blanc sur fond bleu.

*225*

48 — NEVERS. Bouteille : fleurs en blanc sur fond bleu.

*(Collection Ploquin.)*

*900*

49 — NEVERS. Plat rond, décoré d'oiseaux et de branches fleuries, en blanc sur fond bleu.

Diam., 53 cent.

*(Exposition de 1900.)*

50 — NEVERS. Pot à tabac cylindrique : fleurs et oiseaux en blanc sur fond bleu.

51 — NEVERS. Petite potiche : fleurs et quadrillés en blanc sur fond bleu.

52 — NEVERS. Panse de bouteille : fleurs en blanc sur fond bleu.

53 — NEVERS. Petite jardinière à anses torses : arbustes en blanc sur fond bleu.

54 — NEVERS. Potiche avec couvercle, émaillée bleu
uni.

55 — NEVERS. Petite jardinière à anses torses :
fleurs en blanc et jaune sur fond bleu.

56 — NEVERS. Bouteille de pharmacie : fleurs en
blanc et jaune sur fond bleu.

57 — NEVERS. Aiguière à fond bleu tacheté de
blanc.

58 — NEVERS. Pot à lait : fleurs en blanc et jaune
sur fond bleu.

59 — NEVERS. Bénitier : fond bleu tacheté de
blanc.

60 — NEVERS. Trois carreaux : rinceaux et oiseaux
en blanc et jaune sur fond bleu.

61 — NEVERS. Bouteille : fleurs en blanc et jaune
sur fond bleu.

62 — NEVERS. Panse de bouteille : fleurs et oiseaux
en blanc sur fond bleu.

63 — NEVERS. Jardinière ovale à anses torses : rinceaux fleuris en blanc sur fond bleu.

64 — NEVERS. Deux plats à bords festonnés : fleurs en blanc et filets jaunes sur fond bleu.

65 — NEVERS. Seize assiettes : fleurs en blanc sur fond bleu.

66 — NEVERS. Huit assiettes : fleurs et insectes en blanc avec filets jaunes sur fond bleu.

67 — NEVERS. Quatre assiettes : fleurs et quadrillés en blanc sur fond bleu.

68 — NEVERS. Trois assiettes : motifs irréguliers en blanc sur fond bleu.

69 — NEVERS. Assiette : motifs irréguliers en blanc sur fond bleu.

70 — NEVERS. Bassin : rinceaux fleuris en blanc et jaune sur fond bleu.

71 — NEVERS. Bassin : fleurs en blanc et jaune sur fond bleu.

72 — NEVERS. Bassin : fleurs et oiseaux en blanc et jaune sur fond bleu.

73 — NEVERS. Coupe : fleurs et oiseaux en blanc et jaune sur fond bleu.

74 — Nevers. Plateau : fleurs en blanc et jaune sur fond bleu.

75 — Nevers. Plateau : oiseaux et fleurs en blanc et jaune sur fond bleu.

76 — Nevers. Plateau : fleurs et oiseaux en blanc et jaune sur fond bleu.

77 — Nevers. Petit plateau rond : fleurs en blanc et jaune sur fond bleu.

78 — Nevers. Petit plateau rond : fleurs en blanc et jaune sur fond bleu.

79 — Nevers. Coupe : fleurs en blanc sur fond bleu.

80 — Nevers. Bassin : fleurs et oiseaux en blanc sur fond bleu.

81 — Nevers. Coupe : fleurs et oiseaux en blanc sur fond bleu.

82 — Nevers. Plat long : fleurs en blanc sur fond bleu.

83 — Nevers. — Plat à bords festonnés : fleurs en blanc sur fond bleu.

84 — NEVERS. Plat long : fleurs en blanc et filets jaunes, fond bleu.

85 — NEVERS. Cache-pot à anses serpents : décor bleu de style chinois.

86 — NEVERS. Jardinière-applique : fleurettes en bleu.

87 — NEVERS. Gourde : décor bleu, personnages et fleurs.

88 — NEVERS. Petit cache-pot à anses torses : d'un côté, une femme occupée à filer ; de l'autre, un amour.

89 — NEVERS. Bénitier : décor bleu, saint Jean-Baptiste.

## FAIENCES FRANÇAISES DIVERSES

90 — ROUEN. Bourdaloue décoré de fleurs en blanc, jaune et rouge sur fond bleu.

91 — ROUEN. Trois bassins variés : bouquets de fleurs, bordure quadrillée en blanc, jaune et rouge sur fond bleu.

92 — Rouen. Fontaine-applique : lambrequins et guirlandes en bleu et rouge.

93 — Rouen. Jardinière-applique, décor à la corne.

94 — Rouen. Deux jardinières-appliques : décor à la corne tronquée.

95 — Rouen. Jardinière-applique : décor de bandes à fond bleu.

96 — Rouen. Jardinière-applique : fleurs en bleu.

97 — Rouen. Plat : décor à la corne.

98 — Rouen. Trois plats : décor à la pagode.

99 — Rouen. Plat : décor à la corne tronquée.

100 — Rouen. Fontaine-applique : lambrequins en bleu.

101 -- Moustiers. Fontaine-applique avec couvercle, support et bassin à décor d'oiseaux et de fleurs. Robinet en étain. Armoire-support en bois.

102 — Moustiers. Petit cache-pot : décor en bleu, genre Bérain.

103 -- Moustiers. Quatre plateaux variés à bords
festonnés.

104 — Moustiers. Bassin : Léda et le cygne.

105 — Marseille. Sous ce numéro, plats et assiettes variés : décor de fleurs.

106 — Marseille. Soupière oblongue, avec couvercle : décor de fleurs ; poissons en guise de bou-
ton de couvercle.

107 — Marseille. Soupière ronde avec couvercle:
décor de fleurs et bandes à fond rose.

108 — Marseille. Assiette : paysage animé.

109-111 — Marseille. Environ soixante-douze pièces de service : soupière, plats, plateaux et
assiettes : décor de fleurs avec filets roses en
bordure.

112 — Montpellier. Plateau : fleurs sur fond
jaune.

113 — Aprey. Théière avec couvercle : oiseaux et
branchages.

114 — Aprey. Trois assiettes : oiseaux sur des
branches.

115 — APREY. Deux assiettes : oiseaux et papillons.

116 — NIEDERVILLER. Quatre sucrières, deux petites jardinières, deux petites écuelles avec couvercles et présentoirs, deux assiettes, deux petits cache-pots et deux grands cache-pots : paysages en camaïeu rose, fond jaune.

117 — NIEDERVILLER. Assiette : fleurs avec rocailles en couleurs au marli.

118 — LES ISLETTES. Deux jardinières-appliques, variées : décor de lambrequins.

119 — LORRAINE. Sucrier quadrillé avec couvercle : fleurs.

120 — LORRAINE. Jardinière quadrilatérale : fleurs et hachures.

121 — LORRAINE. Jardinière à deux compartiments : fleurs et hachures.

122 — LORRAINE. Deux vases : fleurs.

123 — LORRAINE. Deux sucriers avec couvercles : fleurs.

124 — LORRAINE. Théière avec couvercle : fleurs.

125 — LORRAINE. Cruche : fleurs

126 — LORRAINE. Saucière : fleurs.

127 — LORRAINE. Saucière : fleurs.

128 — LORRAINE. Huit assiettes, compotier-co-
quille et deux plateaux carrés : fleurs avec hachures roses.

129 — LORRAINE. Assiette : oiseaux sur un arbre,
rocailles au marli.

130 — STRASBOURG. Soupière ovale avec couvercle :
décor de fleurs.

## FAIENCES VARIÉES

131 — Aiguière émaillée gris bleuté, pastillages au
col. Ancienne faïence de Perse.

132 — Deux bouteilles : décor bleu, personnages
de style chinois. Ancienne faïence de Delft.

133 — Bouteille : décor bleu, compartiments à
fleurs et oiseaux. Ancienne faïence de Delft.

134 — Porte-perruque : décor bleu. Ancienne faïence de Delft.

135 — Deux assiettes : corbeilles dans des compartiments. Ancienne faïence de Delft.

136 — Plat : vase de fleurs. Ancienne faïence de Delft.

137 — Beurrier avec couvercle : décor bleu. Ancienne faïence de Delft.

138 — Vase à anses dauphins, orné d'une zone d'entrelacs et émaillé gris-bleuté. Ancienne terre vernissée de Florence.

139 — Plat : Adam et Eve et le démon. Ancienne faïence d'Urbino.

140 — Petit plat à armoiries et grotesques. Ancienne faïence d'Urbino.

141 — Coupe : grotesques. Ancienne faïence d'Urbino.

142 — Coupe : épisode de la légende de Circé. Ancienne faïence d'Urbino.

143 — Deux cornets de pharmacie : médaillons, personnages et palmettes. Ancienne faïence de Faenza.

144 — Vase de pharmacie : médaillon-buste et branchages. Ancienne faïence de Faenza.

145 — Aiguière : décor de fleurs et fruits. Faïence de Nove.

146 — Aiguière avec couvercle : fleurs et feuilles. Faïence de Nove.

147 — Deux cruches de pharmacie : décor bleu, mascarons et feuillages. Ancienne faïence de Savone.

148 — Hanap décoré de fleurs. Ancienne faïence de Castelli.

149 — Bassin : Suzanne et les vieillards ; armes d'un Pape. Ancienne faïence de Castelli.

150 — Bas-relief : la Vierge et l'Enfant Jésus. Faïence italienne.

151 — Cinq pièces, plats et bassins à grands personnages. Faïence italienne.

152 — Coupe : Sainte Catherine. Faïence italienne.

153 — Saucière : fleurs. Faïence italienne.

154 — Plat : le Christ en croix ; fond noir. Faïence
de Suisse.

155 — Deux jardinières, forme éventails : réserves
à fleurs au milieu de rayures. Faïence.

156 — Deux cache-pots à anses torsades : décor de
style chinois en bleu et violet. Faïence.

157 — Plaque en ancienne terre vernissée jaune
personnages, vases et rosaces en relief.

158 — Deux cache-pots : fleurs et rocailles. Faïence.

159 — Deux supports-appliques : quadrillés et
fleurs. Faïence.

160 — Plateau oblong : décor de fleurs. Faïence.

161 — Environ quarante-cinq pièces de service :
assiettes, plats, plateaux, cuillère et four-
chettes. Faïence.